BEAST-YEAST
BOTTOMLESS HOLE
DRAGONGRAVEYARD
WISH TREE
JELLYFISH
OCEAN
CRISPIA
DRAGON'S VALLEY
CITY OF WIZARDS
DESSERTPARADISE

# 쿠키런 킹덤

## 9 고대 신목 제단

글 김강현 그림 김기수

**글 김강현**

종합학습만화지 〈보물섬〉에 수리과학 만화 〈홈즈VS루팡 수학대전〉과 예체능 만화 〈파이팅 야구왕〉을 연재했습니다. 저서로는 〈라바 에코툰〉, 〈코믹 드래곤 플라이트〉, 〈쿠키런 서바이벌 대작전〉, 〈신비아파트 한자 귀신〉, 〈잠뜰TV 픽셀리 초능력 히어로즈〉 등이 있습니다. 어린이들이 만화를 통해 상상력과 창의력을 키울 수 있도록 끊임없이 연구하며 글을 쓰고 있답니다.

**그림 김기수**

학습만화 단행본 〈코믹 귀혼〉, 〈카트라이더 수학 배틀〉, 〈테일즈런너 바다 생물 편〉, 〈코믹 서유기전〉, 〈마법천자문 영문법원정대〉, 〈메이플 매쓰〉, 〈쿠키런 서바이벌 대작전〉, 〈신비아파트 한자 귀신〉 등 어린이 학습만화를 그리고 있습니다. 어린이들이 즐겁고 재미있게 공부하고 꿈을 키울 수 있도록 멋진 그림을 그리고 있답니다.

쿠키런
킹덤

# 캐릭터 소개

## 용감한 쿠키

기억을 잃고 달고나 마을에서 깨어난 쿠키.
자신의 과거를 알고 있는 벨벳케이크맛 쿠키를
만나 푸른 불꽃의 비밀을 풀려 한다.

## 호밀맛 쿠키

강력한 호밀 쌍권총을 휘두르며 나쁜 짓을 일삼는
쿠키나 몬스터에게 정의의 호밀 총알을 쏘아 댄다.
용감한 쿠키와 용의 길에서 만나 동료가 된다.

## 커스터드 3세맛 쿠키

백성과 함께하는 위대한 왕이 되고 싶어하는 쿠키.
나중에 왕국을 만들어 용감한 쿠키와
호밀맛 쿠키를 장관에 임명시키고 싶어 한다.

## 뱀파이어맛 쿠키

항상 의욕없는 행동과 말로 용감한 쿠키 일행의
기운을 빠지게 하지만 중요한 순간에 제 역할을 한다.
연금술사인 동생을 무서워한다.

## 에스프레소맛 쿠키

전설의 각설탕을 찾으러 왔다가
용감한 쿠키의 일행이 된다. 아무도 기대하지 않은
의외의 마법 실력으로 일행을 놀라게 한다.

## 연금술사맛 쿠키

못 미더운 오빠 때문에 항상 걱정이 마를 날 없는 똑똑한 동생. 용감한 쿠키의 일행이 되어 어둠마녀 쿠키의 부활을 막으려 한다.

## 칠리맛 쿠키

마음에 드는 쿠키에게는 도움을 주고 싶어하는 의리 있는 도둑이다. 호밀맛 쿠키의 오해를 풀고 연금술사맛 쿠키의 친구가 되어 모험을 함께하게 된다.

## 팬케이크맛 쿠키

신목 마을에서 형과 함께 사는 쿠키. 신목에 올라가 행방을 알 수 없게 된 형을 기다리며 텅 빈 마을을 지키고 있다.

## 롤케이크맛 쿠키

마을 쿠키들을 찾으러 신목에 올라간 쿠키. 팬케이크맛 쿠키에게 돌아오겠다는 약속을 남겼지만 어쩐 일인지 오지 않는다.

# 차례

1화
백조의 호수

쿠쿠쿠
쿠쿠쿠

저게 뭐야?
신목에 저런
괴물도 있어?

으아아! 몰라!
나도 처음 봐!

커스터드
3세맛 쿠키!
위험해!
빨리 이리 와!

위대한
설탕백조시여….
명령을
내려 주소서….

너 무슨 말을
하는 거야!

쿠키….

팬케이크맛 쿠키!
저게 설탕백조가
맞아?

아니야!
설탕백조 님은
저렇지 않아!
저건 너무 시커멓잖아!

설탕백조 님은
눈처럼
하얗다고!

쿠키를… 어둠으로
물들여라.
명을
받들겠습니다,
설탕백조 님.
스스스
스스스
가자!
쿠키를 다
잡아야 한다!
콰아아

커스터드
3세맛 쿠키….
용감한 쿠키!
일단 도망치는 게
좋겠어! 잡히면
우리도 저렇게
변해 버릴 거야!
다
다
다
다
으아아!
다들 달려!
두
두
두
두
두

이상한 동물들도
우릴 공격
하려고 해!
슈학
퍼엉
에잇!
우씨!
딱콩
!?

아파!
아프다고!
헉!
저, 저 목소리는
옆집 누나?
뭐?!
쿠아
여기 있는
이상한 동물들 모두 신목으로
올라가서 내려오지 않은
쿠키들과 닮았어!
그들이 변한 게
분명해!
말도 안 돼!
다다다다

그렇다면
나의 마법 공격 중
그라인딩 스킬을 쓸 수 없겠군요.
모든 걸 커피 원두 가루 내듯
바사삭 갈아 버리는
마법인데요.
척
으아!
듣기만 해도 무섭잖아!
저들은 원래 다
쿠키들이라고!
그렇게 하면 큰일 나!
콰
악
앞에서는
살아 있는 나무가
공격해도 참아야
하다뇨….
이런…!
뒤를 봐!
우리
포위당했어!

빠져나갈
곳이 없어!
스슈
스슈
스슈
스슈
스슈

빽빽이
둘러쌌잖아!
이 정도면
아무리 재빠른 나라도
빠져나가기
쉽지 않은데….
잡아라!

워어
으아아!

에잇!
연기 방어막
포션!
펑

취이이이
뭉게
뭉게
뭉게

연금술사맛 쿠키! 이건 뭐야? 연기가 우릴 감싸고 있어!

연기로 만든 방어막이에요. 연기지만 단단하고 강력해서 그 어떤 공격도 막아낼 수 있어요!

굉장하다! 여기 있으면 안전하겠어.

그런데…, 한 가지 단점이 있어요.

1분밖에 유지가 안돼요.

비틀

아니,
그런 게 어디 있어!
너무 짧잖아!
연기라 금방
날아가거든요.
단단하고 강력한데
금방 사라진다니….
뭔가 이상해.

어떡하지!
벌써 30초는
지난 것 같아!

팬케이크맛 쿠키.
왜 울어….
무서워서 그래?
흑흑…
그게
아니고….

커스터드
3세맛 쿠키나
털보맛 쿠키처럼
괴물이 돼서
날 못 알아보고
있는 거면 어떡해!
엉
엉
우리 형도
저런 괴물이
된 거면
어쩌지….

울지 마….
분명히 모두를
되돌릴 방법이
있을 거야.
아냐!
설탕백조 님도
저런 괴물로
변했는데
무슨 수로
모두를 되돌려.
얘들아! 연기가
희미해지고 있어!
스스스
시간이
다 됐나 봐요.
어디로든
숨어야 해!
이제
어쩌지….
여기로
들어와!
이게 무슨 소리지?
다들 저 소리
들었어?
잠깐!
방금 누구
목소리야?
들썩
여기야!
시간이 없어!
!
어?

대체
누구세요?
시간이
없다니까!
빨리 들어와!
일단 가자!
연기가 거의
사라졌어!

어쩔 수 없다!
일단 모두
저 구멍으로
들어가자!

휘익
타탁

후다닥

쿠웅

파
아
으….
엄청 좁네.
다들 괜찮아?
잘 가고 있어?
아직까진
별일 없어요.

근데
누가 우리를
도와준 걸까?
글쎄요.
누군진 몰라도
고맙군요.
하마터면 우리도
저런 몬스터가
될 뻔했으니….

이 길은 죽은
나무줄기 사이에
생긴 통로예요.
오래된 나무엔
이렇게 군데군데
죽은 줄기가
있기 마련이죠.

다 왔어요!
출구예요!
답답해!
빨리 나가자.

누,
누구세요?
왜 그래?
아이고,
힘들어….

이 말썽쟁이 녀석!
내가 내려갈 때까지
기다리라고 했는데
결국 올라왔구나.

롤케이크맛 쿠키 형!
와락
무서웠지, 내 동생!

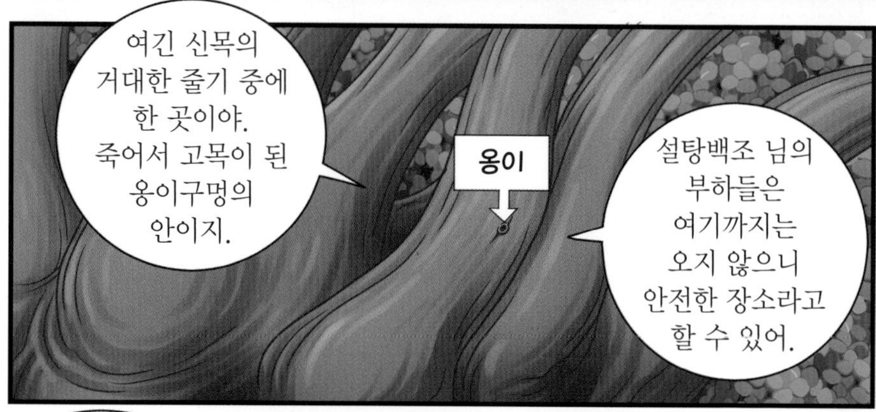

아까도
줄기 속을 기어가다
팬케이크맛 쿠키의 목소리가
들려서 깜짝 놀라
올라갔었던 거야.
정말 고마워요!
당신의 도움이 아니었으면
우리 모두
잡혔을 거예요.
도대체 이곳에
무슨 일이
있었던 건가요?
저희 친구가
눈앞에서
몬스터로
변해 버렸어요.
검은 물에
빠졌어?
네. 풍덩
빠졌어요.
역시 그랬군….
설탕백조 님이 있는
호수의 물에 닿거나
그 물을 마시면
괴물로 변해.

조금 묻으면 동물이나 나무줄기로 변할 뿐이지만, 풍덩 빠져서 온몸이 다 젖으면 몬스터로 변하는 것 같아.

몬스터로 변하면 무기를 쓰고 마법도 쓰게 되는 것 같더라고.

설탕백조 님은 신의 은총을 받은 신수인데, 그런 존재가 왜 저리 변해 버린 거죠?
내가 여기 올라왔을 땐 아직 변하지 않은 쿠키들이 몇 있었어.

그들 중에 실탕백조 님이 변할 당시의 모습을 본 쿠키가 있어서 이야기를 들었는데….

평소와 같은
평화로운
날이었대.
와
와
와
설탕백조 님은
여느 때와 같이
호수 위에 떠서
관광객들을
맞이했지.

설탕백조 님!
너무 우아
하십니다!
저
설탕백조 님 굿즈
다 모았어요!
설탕백조 님!
날개가 무척
아름다워요!
와
와
와

내가 예쁘고 멋진 건
세상이 다 아는
뻔한 이야기야.
슥
난 그런
얘기보다….
개그를 원한다.
날 웃기지 못하면
큰 화를 입을 것이야.

명심해라!
난 유머에
있어서 만큼은
엄격한 조류야.
웃음이 없는
차가운 백조다,
이 말이야!
평범한 개그로는
내 부리에 조금의
미동도 없을지니….

왕이
궁에 가기 싫을 때
하는 말은?
궁시렁 궁시렁
아~,
궁에 가기
싫엉.
푸

1, 2, 3, 4, 5, 6, 7, 8을 네 글자로 하면? 영구 없다.

푸하하하

뭐라고오?!

까르르

겨울에 일어나는 전쟁은? 추워!

깔깔

총을 쏠 때 한쪽 눈을 감는 이유는? 두 눈을 감으면 안 보이니까.

쿠웨켈켈

백조보다
흑조가
더 우월하다.

뭐라고?
야! 흑조는
안 씻어도 티가 안 나서
애들이 씻지를 않아!
그런데도 우월해?
흑조 데려와!
한판 떠!
너 흑조가
시키더냐?

인정 못 하겠다면
직접 흑조가
돼 보는 건
어때?
스윽

어둠의 석류
주술진!
촤라락
우웅
웅
파
아
아

파아아
으아악!
서…
설탕백조 님이!

파아아아
쿠키에게
멸망을….
온 세상을
어둠으로….

그렇게 변한 설탕백조 님은 당시에 주위에 있는 쿠키들을 모두 검은 물에 빠뜨려 몬스터 병사로 만들었고 그들은 검은 물을 갖고 다니며 신목에 올라온 쿠키들을 변신시켰어.
아!
어떻게 그런 일이…!

석류 주술이라니! 설탕백조 님을 변하게 하고 신목을 지옥으로 만든 게 그 석류맛 쿠키라고?

2화
나무줄기 속 쿠키

이 모든 게
석류맛 쿠키의
짓이었어!

하긴,
석류맛 쿠키는
강력한 정령인
그루터기 정령도
몬스터로
만들었었잖아.

설탕백조 님은 신수로서
평소엔 아재쿠키개그를
좋아하는 백조지만
원래는 신의 힘을 나눠 받은
대단한 존재니…, 그 힘에
어둠의 힘이 더해져
저런 무서운 존재가
되었을 겁니다.

우리의 힘으로는
상대가
안 될 거예요.

가까이 갔다간 우리마저 몬스터로 변할 테고…. 방법이 없을까.
…….

사실, 그동안 나도 여러 가지 방법을 찾아봤거든.
그래서 알아낸 게 하나 있어.

하루 중에 약 10분 정도 설탕백조 님이 잠에 빠져드는 순간이 있어.

정말요?

뭐?!

그러면 다른 몬스터들도 같이 움직임이 멈춰.

그때는
설탕백조 님 가까이에
갈 수 있겠네요.
하지만 가까이
간다고 해서
뭘 할 수
있겠어요?
더구나 시간이
너무 짧아요.
10분이라니….
용감한
쿠키!
응?
용감한 쿠키의
지팡이에서
푸른 불꽃이 나와서
강력한 케이크베로스를
제압했잖아요.
그 푸른 불꽃으로
설탕백조 님을
상대할 수 있지
않을까요?

그러다
설탕백조 님이
잘못되기라도 하면
어떡해?
난 그때 불꽃에 휩싸여
괴로워하던
케이크베로스를
생각하면
마음이 아파….
용감한 쿠키! 우리도
그 모습을 다 봤어요.
그런데 케이크베로스는
괴로워했지만 상처를
입진 않았어요.

맞아!
용감한 쿠키의
푸른 불꽃은
뜨겁지도 않고
아무것도 태우지 않는
불꽃인 것 같아.
그래서
생각해 본 건데….

푸른 불꽃에
어둠의 힘을 몰아내는
능력이 있는 게
아닐까?
……!
그 지팡이에는
작기는 하지만
소울잼의 부스러기가
박혀 있잖아.

용감한 쿠키!
푸른 불꽃을
다시 불러올 수
있어?
지금은 못해.
내 마음대로
불러올 수
있는 게
아니더라고.

혹시
설탕백조 님 가까이
가면 불꽃이 나올지 모르니
그분이 잠드는 시간에
한번 가까이
가 보자!
설탕백조 님은
언제 잠들어?
얼마
안 남았어.

조용...

드륵
와!
정말 조용하네.
아무 소리도
안 나.
우리 말고는
모두가 멈춰 있는
것 같아.
됐어!
모두들
나와도 돼!
서둘러!
바로 앞이
호수야.

역시나
잠들었어.
!

드르렁
음냐 음냐
드릉 드릉
헉..

푸 얼 헐

다행이야.
자는 거 맞네.

드르렁

신수도 코를
엄청 고는구나.

쿠아아

용감한 쿠키!
가까이 가서
지팡이를
설탕백조 님의
몸에 대 봐요!

!

부웅
타약
탁

츄학

어어?
넘어진다~.
바둥
바둥
으악!
안 돼!

휴…, 됐다.

용감한 쿠키!
간젤리가
떨어질 뻔했잖아!

미안해~.
이제 지팡이를
설탕백조 님께
대 볼게.

나를….
구해다오….
네? 뭐, 뭐라고요?
용감한 쿠키! 왜 그래?
설탕백조 님이 뭔가 말하고 있어.
뭐? 깨어난 거야?
아니, 깨어난 것 같지는 않은데.
소리가 작아서 안 들려.

에잇!
휙
용감한 쿠키!
뭐 해!

타앗

파바바바

탓
나를….

어둠의 힘에…
사로잡힌 나를….
구해달라고…?
완전히 변한 게
아닌가 봐!
스르륵
구해다오….
어떻게 하면
당신을
구할 수 있나요?
말해 주세요!
방법이 뭐죠?
나의 눈….
눈이요?

무슨 일이야!
왜 그래?

설탕백조 님이
잠들어 있는 동안은
원래의 정신이
돌아오나 보군요!

네?!

얘들아!
설탕백조 님이 나한테
자기를 구해달라고 했어!
그 방법으로
'나의 눈'까지 말했는데
그 다음이 안 들려!

나…
나의 눈….

아까
뭐라고 하셨죠?
다시 말해 주세요!

시간이 다 돼 가!
몬스터들이
곧 깨어날 거야!
더 이상
여기 있으면
안 돼!

용감한 쿠키!
이제 내려와!
안 돼!
방법을 듣기
전까진 못 가!

움찔
움찔
움찔
헉!
금방 깨어날 것 같아! 빨리 돌아가야 한다고!
들썩
움찔
들썩
움찔

하지만
너무 간절해
보이는데…!
가야 돼!
어엇!
미끌
으아아아!
쿠아아아

풍덩
!
용감한 쿠키!
부우우 우우 우우
으아!
용감한 쿠키는
포기해!
곧 변할 거야!
빨리 가지 않으면
우리까지 몬스터가
될 거라고!
아아….

잠시 후

헉….

허억….

헉

이럴 수가….

헉

헉헉

용감한 쿠키를 놔두고 우리만 도망쳐 오다니….

다시 가서 용감한 쿠키를 구해 오자!
네 맘은 알지만 그럴 수 없어.

용감한 쿠키는 벌써 몬스터로 변해서 우릴 잡으러 돌아다니고 있을 거야.
으앙~. 어떡해~.

아니! 그렇지 않아!

예전에도 용감한 쿠키는
모든 걸 몬스터로 변하게 만드는
검은 젤리에 완전히
덮여 버린 적이 있었어!
그 젤리는 원래
몸에 조금만 묻어도
끔찍한 몬스터로 변하게 하는데,
용감한 쿠키는
그걸 이겨냈다고!
몬스터로 변한 직후에
검은 젤리를 몸속으로
스스로 빨아들이고 나서
다시 원래대로
돌아왔었어!

그러니
저 검은 호수에
빠졌어도
용감한 쿠키는
무사할 거야.
말도 안 돼….

그렇다면…,
지금 알아야
할 건
한 가지예요.
설탕백조 님을
구하는 방법.

나의 눈….
그다음 말은
뭘까요?
구할 수 있는
방법이
'나의 눈'이라…?

나의 눈치를
보지 마라?
나의 눈탱이를
밤탱이로
만들어라?
안타깝게도
둘 다 아닌 것
같군요.

일단 빨리
용감한 쿠키를
찾으러 가자!
지금은
위험해!
다시 설탕백조 님이
잠들 때까지
기다려야 해.

용감한 쿠키가
만약 몬스터로 변했다면
이곳의 위치를 이미
알기 때문에 우리를 잡으러
올지도 몰라요.

그 생각을
못했어!
그럼 어쩌지?

그렇다고
지금 나갈 수도
없고….

여러분,
제가 만든 포션이
하나 있는데요!

이걸 마시면
몸이 작아지거든요.
작아지면 눈에 안 띌 테니
밖에 나가 돌아다녀도
괜찮지 않을까요?
작아지더라도
몬스터들이
곳곳에 있어서
들킬 수도 있어.

그래도 한번 해 보자!
여기에 가만히 있어 봤자
무슨 수가 생기는 것도
아니잖아!
맞아요!
그럼 이 약을
한 모금씩
마셔 봐요.

꿀꺽… 꿀꺽… 꿀꺽… 꿀꺽…
묘하네요….
색이랑 다르게 포도 주스 맛이 나.
근데 언제 작아져?
약효가 올 때까지 1분 정도 걸릴 거예요.
부르르
어? 기분이 이상해….
나도.
슈우우우
?!
슈우우

뭐지?
뭐가 변하긴 한 건가?
우리 몸은 그대로인 것 같은데.
헉! 주위를 좀 봐!
뭐?
지평선이 보이잖아!
까마득
엄마야! 여기가 어디야!
설마…, 우리가 작아져서 그런 건가?
스윽

끼야아악!
몬스터다!
뭐?
으아악!
진정 좀 해요!
몬스터가
아니에요!
잘 봐요!
이건 개미예요!
우리가 개미보다
작아졌거든요.
뭐라고오?!

3화 빛을 품은 검

허….

까마득

아이고,
힘들어.

허억….

한참을
걸어온 것 같은데
왜 호수가
안 나오는 거야?

우리 언제까지
걸어야 해?

개미보다 작아졌으니
언덕 하나를
넘는 것도 한나절이
걸리겠지.

샤샤샤삭

헉

헉

와! 저기 봐!
개미가 우리보다
훨씬 빨라!

이대론 안 돼!
이렇게 가면
호수까지
며칠이 걸릴지도
모른다고!
그 전에 약효가
떨어져 다시
커질 거예요.
약효는 한 시간
정도 밖에
안 가거든요.

흠….
이 포션은
쓰고 싶지
않았는데….
스윽
뭔데? 또 무슨
신기한 포션이
있는 거야?

척
이름하여!
방귀대장 포션!
?

이름만 그렇고
다른 멋진 능력이
있는 거지?
아니에요,
칠리맛
쿠키!
이걸 마시면
이름 그대로
방귀를 엄청 뀔 수
있어요.

뭐?! 여기서
다들 방귀 뀌어서
뭘 어쩌겠다는 건데?
우리가 작아졌으니
방귀를 뀌어도
환경 오염을 덜 시켜서
괜찮다는 거야?
아, 그게
아니고요….

끊임없이 나오는
방귀 가스를 이용해
날아갈 수 있거든요.
뿡
뿡
뿡
뿡
뿡
뿡
엉덩이를 잘 움직이면
공중에서
방향도 마음대로
바꿀 수 있고요.

모두가 방귀를 뀌면서 날아가면 설탕백조 님의 호수까지 금방 가게 될 거예요.
내 동생이 특이한 친구를 데려왔어….
꼭 그렇게까지 해야 할까?
날개가 돋는 약은 없어?

와앙! 재밌겠다! 나! 나! 나는 마실래~.
그래! 자! 입 크게 벌려 봐!
탈탈
아~.

꿀꺽!

팬케이크맛 쿠키! 괜찮아?
으…. 형. 나 속이 갑자기 부글부글해.
부글
부글

부아앙
어디 가!
팬케이크맛
쿠키!
와! 와!
나 좀 봐!
로켓처럼
날 수 있어!
평소보다
엄청 빨라!
모두들 먹어 봐!
엄청 재밌어!
뿡 뿡
뿌웅
그러다
응가 나오겠다,
동생아….

자!
모두들
마셔 봐요!
용감한 쿠키를
빨리 찾는 게
중요하니까요!
냄새가 많이
나는데….
내 말이
그 말이야.
자!
에스프레소 쿠키
먼저 드세요!
잠시만요.
제 사회적 지위와
체면은….
팬들의 이목은….
그, 그러지 말고
저의 마법을 이용해서
커피 잔을 타고 가죠?
네? 커피 잔을
어떻게
타고 가요?
제가 운영하는
커피 전문점에서
손님이 많을 때 쓰려고
만든 마법인데
마침 생각이 났어요.
슈슈
직원이 서빙하지 않고
커피 잔이 스스로 날아가서
손님 테이블에 도착하는
마법이죠.

자!
여기 커피 잔이
있어요!
아니,
그 작은 잔에 우리가
어떻게 타?
방귀 뀌기 싫어서
막 지어낸 거
아니야?
우릴 작아지게
만든 포션이 있으니
크게 만드는 포션도
있을 텐데요.
물론이죠!
우리가 다
탈 정도면….
요만
큼만…!
와!

둥 둥

그냥 방귀 뀌면서 날아가지~.

뿡뿡

아냐….
우린 이게 좋아.

우하하!
넘 재밌…!
뿅
뿅
왱
왱
왱
악!
모기잖아!
왱
끼아악!
살려줘!
왱
왱
…!
헉!
팬케이크맛
쿠키!
척
푸슝
푸슝

타
탕
탕
탕
!

호밀맛 쿠키! 모기를 물리쳐 줘서 고마워!
내 총으로 모기를 쏘게 될 줄은 몰랐는데….
휘잉
스파아아

와! 저기 보인다!
작아지니까 호수가 바다처럼 커 보여!

역시 모두 다 깨어 있어! 설탕백조 님도!

용감한 쿠키는 보여?

용감한 쿠키는 안 보이는데 몬스터들이 물속에서 뭔가를 찾는 것 같아.

혹시 물에 빠진 용감한 쿠키를 찾는 건가?
아직까지 물속에 있다면 그게 더 큰일인데!

빨리
그 쿠키를 찾아라!
호수 아래에서
기분 나쁜 것이 느껴진다!
아직 살아 있는 것이
분명해!

세상 모든 쿠키를
어둠으로 물들여야 한다는 걸
명심하라.
스스스스
그게
나의 존재
이유다!

그리고 저기 어딘가에는
개미처럼 작아진
쿠키들이 있다.
아직 멀쩡한 모습이군.
!

이렇게
멀리 있는데
우리의 존재를
눈치챘나 봐!
작아진 것도
알고 있다니!

걱정 말아요.
작아져서 생각보다
찾기 쉽지
않을 거예요.
맞아,
시간은
벌었어.

스윽

촤아아아

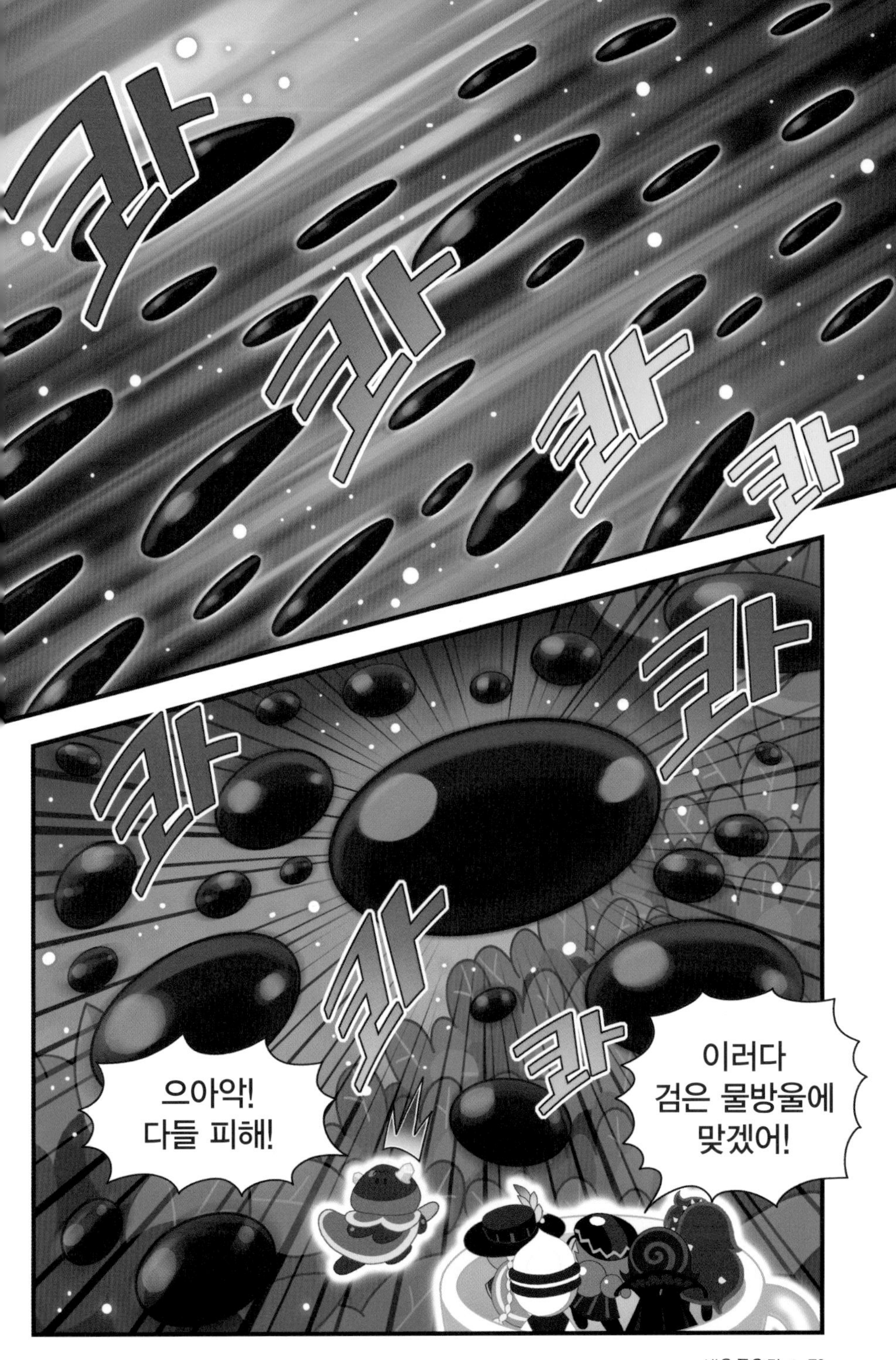
콰
콰
콰
콰
콰
콰
콰
콰
으아악!
다들 피해!
이러다
검은 물방울에
맞겠어!

빨리
피해야 돼!
샥
으아!
벌레들이
비올 때 이런
심정이겠구나!
휙
안 되겠어요!
안전한 곳으로
빨리 가요!
사방에서 온통
물방울이
날아 오는데
안전한 곳이
어디 있어!
파
파
파
파
파
파
딱 한 군데
안전한 곳이 있어요!
바로 물을 튕기고 있는
설탕백조 님의
머리 위!

슈
파
아
팬케이크맛
쿠키!
조심해!
뿌웅
에스프레소
쿠키~.
운전 좀 잘 해 봐!
알았어!
형도 조심해!
촤아아아

됐어!
머리 위로 오니
진짜 물방울이
안 튀어!
그런데
큰 문제가
생겼어요.
그게
뭔데?

작아지는
포션의 약효가
끝나가요.
슈슈슈슈
뭐라고?

팡

팬케이크맛
쿠키는?
팬케이크맛 쿠키!
어디 있어!
털썩
털썩
털썩
어이쿠!
털썩
나 여기 있어!
커져도 방귀는
계속 나와!
뿡
뿡
다행이네….

으아악!
이것들이! 감히 내 머리 위에서 뭐 하는 짓이냐!
펄럭
펄럭
떨어질 것 같아!
파아아
얘들아! 꽉 잡아!
앞에 있는 안대라도 꽉 잡아요!
파바바
촤아
아! 손이 미끄러졌어요!
연금술사맛 쿠키!

뿌
뿅
와아!
고마워,
팬케이크맛
쿠키!
쐐앵
휴,
다행이야!
팍
!
들썩

안 돼!
내 눈…!
엄마야!
으악!
내 얼굴에서
떨어져!
!
펄럭
펄럭
설탕백조 님이
나를 구해달라며
'나의 눈….'이라고 했어!
눈이라고?
바로 이거예요!
눈을 가린 안대를
벗겨 달라는 거
아닐까요?
안대가
살짝 내려가니까
괴로워 했잖아요!

그럴 수
있겠네!
들썩
들썩
근데 이걸
어떻게 벗겨?
머리를 너무 흔들어서
이렇게 매달려 있는 게
다라고!

척
파슝
저기 봐!
화살이
날아온다!
피융
피융
설탕백조 님이
맞는 것도
상관없단
말이야?!

파아
윽!
호밀맛
쿠키!
안 돼!
스륵
으아아아아…!
파아아

번쩍

샤파아아

슈오오오
이…
이건…?
용감한 쿠키의
푸른 불꽃?
용감한 쿠키!
정말 너 맞아?
쿠쿠쿠쿠
콰콰콰콰

파아

너 괜찮아?
그 검은
뭐야…!

호밀맛
쿠키!

이건
말이야!

뽕
뽕

설명은 나중에 해요,
용감한 쿠키!
설탕백조 님이 쓰고 있는
안대를 벗겨요!

아!
눈이라고
했었지!

알았어!

타얏

부
웅
모두들
꽉 잡고 있어!
콰
아
이야아압-

츄학
아….

4화 한 번의 날갯짓

촤아
펄럭
어서 눈을 떠요, 설탕백조 님!
나… 나는…!

신목을 수호하는
설탕백조…!

파아아

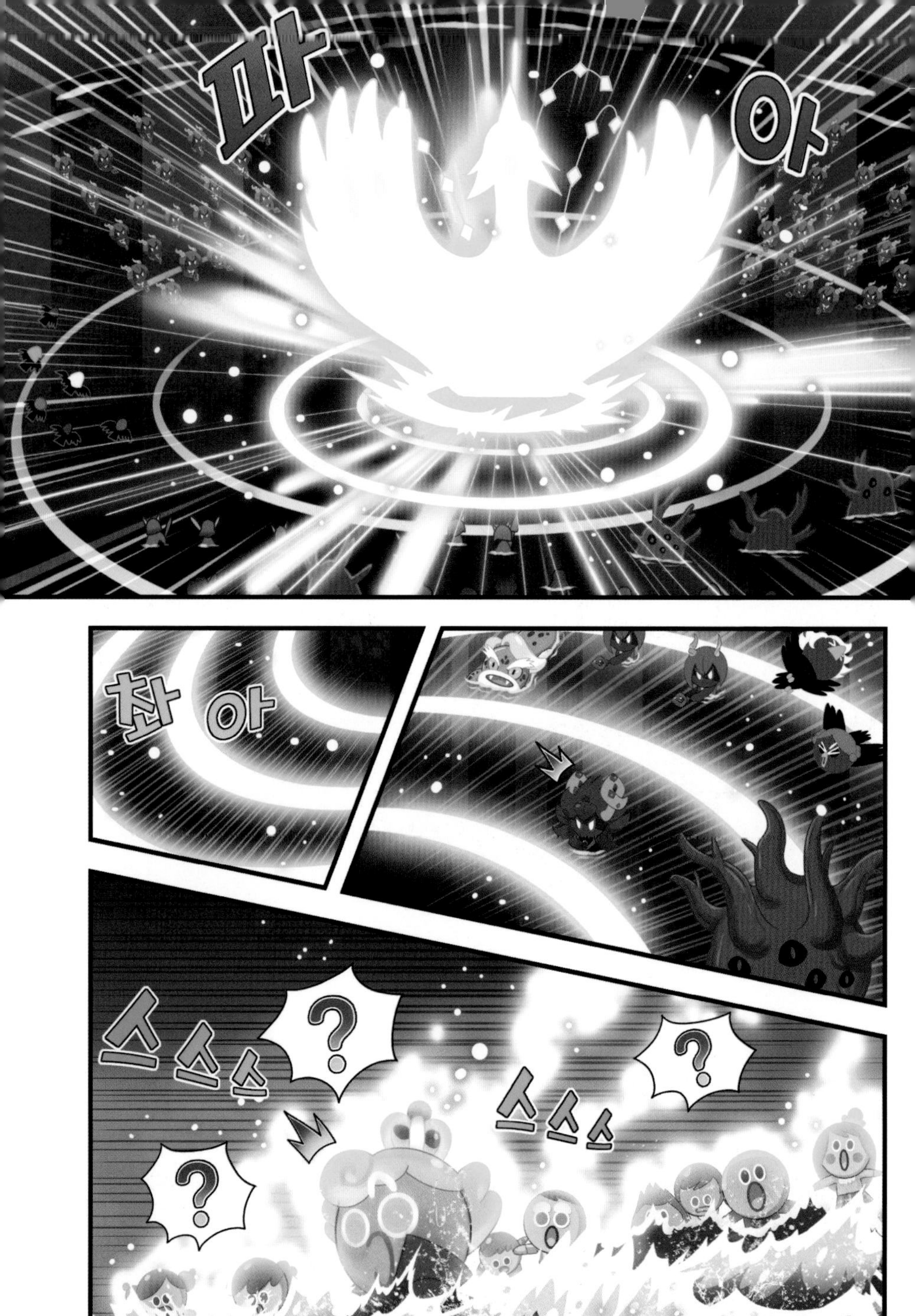

파
아
촤 아
스스스
?
?
스스스
?

스스스
으….

어라?
여기가 어디지?
내가 지금 뭐 하고 있는 거야?

용감한 쿠키!
커스터드 3세맛 쿠키!
그, 그 칼은 뭐야?

아! 드디어 설탕백조 님이….
설탕백조 님!
빵
빵

원래 모습으로
돌아오셨군요!
그래요.
다시 돌아왔어요.
여러분
덕분입니다.

만세!
모두가 다 원래대로
돌아왔어!
이
냄새는….
뿡
뿡
구리 구리

푸시쉬
응?
더 이상 방귀가
안 나오잖아?
으아아!
떨어진다!
츄 학

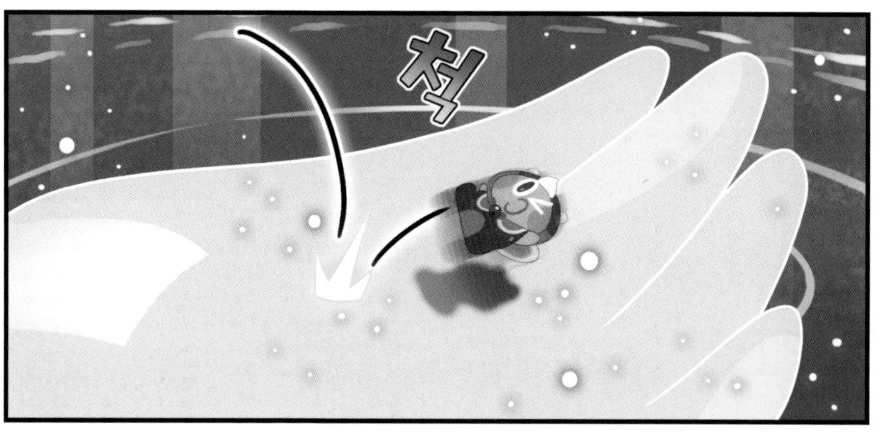
척

괜찮아요,
방귀 뀌는
작은 쿠키?
네!
전 괜찮아요!
고맙습니다!
와
와
와아
와아
와!
정말 다행이야!
으응…?
와아

내가 어둠의 힘에 물들었던 거군요….
신의 힘을 받은 신수인 나까지 어둠의 힘에 빠져들었다는 건….
그만큼 어둠의 힘이 강해지고 있다는 얘기겠지요.
여러분이 갖고 있던 소울잼의 힘이 아니었다면 나는 내 스스로를 되찾지 못했을 겁니다.

소울잼의 힘···.
용감한 쿠키!
네 검은
어디 있어?
아하하···.
그게···.
조금 전에 다시
평범한 지팡이로
변해 버렸어.
뭐어?!
으아, 아쉽다···.
그 검 정말
멋졌는데.

용감한 쿠키,
저 검은 호수에
빠진 후에
도대체 무슨 일이
있었던 건가요?
어떻게
된 거냐 하면···.

호수에 빠지자
나도 다른 쿠키들처럼
변해가는 것을
느꼈어.

그러다 그대로
정신을 잃었는데···.

정신을 차리고 보니
지팡이에서 나온
푸른 보호막이
나를 감싸고 있었어.

그런데 위를 보니
호밀맛 쿠키가
떨어지고 있는 거야.

호밀맛 쿠키를
구해야 한다는 생각에
지팡이를 잡고
위로 올라가려고
했는데,

그 순간
엄청난 푸른 불꽃이
지팡이에서
솟구쳐 나오면서
검으로 변했어.

그 다음은 모두가 다 알고 있는 대로야.
그게 다 지팡이에 박혀 있는 소울잼 부스러기에서 나온 힘이라니…. 정말 굉장해.

용감한 쿠키의 지팡이에서 나온 푸른 불꽃은 '진리의 빛'이에요.
네?
진리의 빛?

그 옛날… 내가 아직 천계에 살고 있었을 때….

쿠키들이 사는 세상에는 거대한 전쟁이 일어났죠. 전쟁을 일으킨 자는 신의 힘과 맞먹을 가공할 마력의 소유자인 어둠마녀 쿠키였어요.

어둠이
대륙 전체를 뒤덮고
그 어떤 희망도 보이지
않았던 그때….
미지의 용사와
쿠키 대륙 최고의 보물인
소울잼을 가진 영웅 쿠키들이
알려지지 않은 곳에서 벌어진
최후의 전쟁에서 승리해
어둠을 몰아냈지요.

그 푸른 불꽃은 영웅 쿠키 중 퓨어바닐라 쿠키가 소유한 '진리의 소울잼'의 상징입니다. 치유와 회복의 힘을 가지고 있어요.
우아! 우리가 소울잼의 부스러기를 가져온 곳이 바닐라 성소였어요!
퓨어바닐라 쿠키는 세계 최고의 마법사이자 현명한 학자였고, 어린 군주였지요. 그의 소울잼이 먼 세월이 지난 이곳에서 나를 구해 주었다니….
그리고 그 힘을 쓴 용감한 쿠키, 그대 또한 평범한 쿠키가 아니에요.
소울잼의 힘은 아무나 사용할 수 없어요.
사실 전 기억을 잃어서 제가 누군지 몰라요. 몇몇 기억이 떠오르긴 했는데….
용감한 쿠키…. 당신은 어떤 쿠키인가요?

아! 설탕백조 님! 우리가 여기 온 건 설탕백조 님께 부탁을 드리기 위해서예요.
소울잼을 찾으면 저를 구해준 친구들을 만날 수 있다고 해서요….

대륙 끝에 있는 다크홀에 가려고 하거든요!
그곳에 어둠마녀 쿠키가 봉인되어 있대요.

지금의 여러분의 힘으로는 어둠마녀 쿠키의 세력을 상대할 수 없어요. 소울잼을 갖고 있는 영웅과 용사들도 스스로의 생명을 바쳐 가며 겨우 막아낸 어둠마녀 쿠키를 소울잼의 부스러기만을 가지고 맞서려 하다니….
그럼 우리는 어쩌면 좋죠?

그렇다고 이대로 어둠마녀 쿠키가 깨어나 세상에 다시 전쟁을 일으키는 걸 두고 볼 수는 없잖아요.

원래 신수는 쿠키 세상에 관여하지 않는 불문율이 있는데….

하지만 여러분은
목숨을 걸고
나를 구해 줬으니
나도 단 한 번
쿠키 세상에
관여하도록 하지요.
온전한 진리의
소울잼이
있는 곳으로
안내해 줄게요.

와!
부스러기가 아니라
소울잼 전체가 있다면
어둠마녀 쿠키를
어떻게든 상대할 수
있을 거예요!
고마워요,
설탕백조 님!

자! 그럼
모두 나의 날개
위로 올라….
네!

오기 전에!
모두에게 선물을 주도록 하지요. 그동안 갈고닦은 수준 높은 개그를 보여 주겠어요!

네…?
괜찮은데….

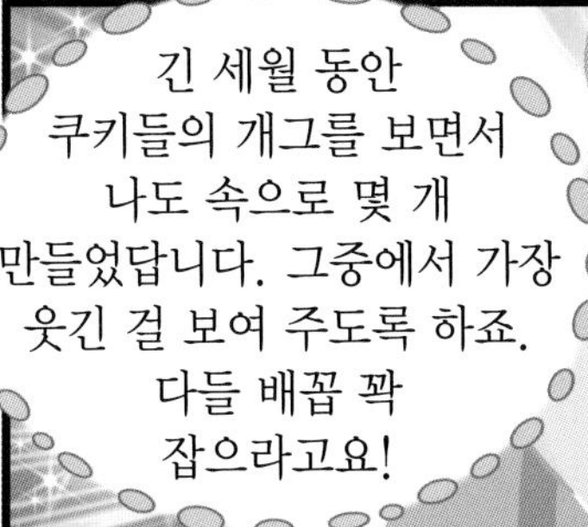
긴 세월 동안 쿠키들의 개그를 보면서 나도 속으로 몇 개 만들었답니다. 그중에서 가장 웃긴 걸 보여 주도록 하죠. 다들 배꼽 꽉 잡으라고요!
웃다가 기절해도 난 책임지지 않으니까요!

웁!
생각만 해도 웃겨!
어쩌면 좋아!
참아야 해. 후~.
자!
그럼 갑니다!

세상에서
가장 추운 바다는?
바다?
춥다고?
부, 북쪽에
있는 건가?
아니면
남쪽?
뭐지?
모르는구나!
꺄하하하!
잘 들어요!
정답은…!
썰렁해!
휘유우우우우
!
휘오오오

응?
표정이 왜 그러죠?
설마 재미가 없는 건
아닐 테고….
끄하하하!
아이고, 배야!
내 배꼽
떨어진 것
같아~.
너무 웃겨서
배 아파!
웃다가
기절하겠어요!

역시… 난 대단해!
앞으로 이곳에
관광 오는 쿠키들에게
남김없이 보여주도록
하겠어요.
아하하….
관광객 다
끊기겠는데…?

자! 그럼
모두 날개 위로
올라와요!
척
고맙습니다!

롤케이크맛 쿠키!
팬케이크맛 쿠키!
고마웠어요!
너희들
아니었으면
큰일 났을 거야!

꼭
소울잼을 찾아서
마녀인지 뭔지를
물리쳐 줘!
우리가 할 말이야!
신목 마을 쿠키들과
설탕백조 님을
구해 줘서 고마워!

슈아아
깃털을
꽉 잡아요!

슈
파
아
아
아

거의 다 왔어요!

네? 진짜로 날갯짓 한 번이었는데!

여, 여기가 어디예요?

휭

저 산 보이나요?
저 산을 넘으면
소울잼을….
샤
아
아
우아!
높은 설산이야!
팍

휘이익
으아아!
설탕백조 님!
쿵
콰콰
윽!
다들
조심해!
츄하

으윽!
모두들 괜찮아?
아이고..
으응..
설탕백조
님은?

아이고,
머리야….
크윽..
설탕백조 님!
괜찮으세요?

갑자기 무슨
일이에요?
분명 아무것도
없었는데….
이건… 또 다른
신의 힘과
충돌한 모양이군요.
가까운 곳에
신의 능력을 받은 자가
있나 봅니다.
뭐에 부딪힌
건가요?

신수들이 같은 곳에
있지 못하는 이유와
비슷해요.

여기
가까운 어딘가에
신수가 있다는
뜻인가요?

아니, 신수의
힘은 아니에요.
정확한 건
알 수 없군요.

소울잼을 찾으려면
저 산을 넘어야 합니다.
작은 쿠키들이여,
가능하겠어요?

저 산
너머….

진짜
높긴 해요.
까마득해….

걱정 마세요,
설탕백조 님!
저희는 더 힘든 곳도
넘어왔어요.
산 하나 정도는
금방 넘을 수
있을 거예요.
그럼 내가
해 줄 수 있는 건
여기까지예요.
작은 쿠키들….
스윽
촤아
펄럭
쿠키들의 앞날에
행운이 깃들길….
안녕히
가세요!
감사했어요!

쐐
앵
와! 순식간에 사라졌어!
정말 날갯짓 한 번이면 어디든 가나 봐.

그럼 우리도 가자!
목표는 저 산 너머!
저 산… 절대 만만해 보이지 않는데요. 쉽게 오를 수 있는 산이 아니에요. 더군다나 눈도 쌓여 있고요.

천리 길도 한 걸음부터! 조금씩 오르면 다 오르게 되는 거지!
할 수 있다!
세상사가 다 그렇게 쉽게 이뤄지는 게 아닌데요….
의지는 좋네요!

그렇게 산을 향해
걸어가는
용감한 쿠키와
친구들.
밤인데 별이
가득해서인지
어둡지가 않아.
그래도 좀
쉬어 가는 게
낫지 않을까?

맞아.
산을 오르려면
잠을 좀
자는 게….
어?

칠리맛 쿠키!
왜 그래?
저 앞에
뭔가 있는 것
같아.

깜짝
아!
세상에,
이런 곳에…!

구
궁
마을이 있었어!

근데 뭔가 이상해요.
기척이 전혀 없어요.
너무 조용한데….
밤이니까
다들 자나 보지.
그런가요?

저기 봐!
마을 쿠키
인가 봐!

저…
안녕하세요!

끼아악!

5화
영혼 사냥꾼

끼아악!
유령 살려!

…….

파사사사사

아이참!
유령보다 먼저 놀라고
비명 질렀어야 하는데
타이밍을 놓쳤어.
그런
생각을 하는 게
웃기다는 생각은
안 해?
아!
저기 봐!

유령이
또 있어!
와!
친구인가
봐요!

유령 씨~!
끼아악!
샤아아
도망가자!
우리
얘기 좀 해요!

아!
또 놓쳤어!
흠….
지금 이 상황
너무 이상하지
않아요?

외딴 마을에 왔는데
쿠키는 없고
유령만 돌아다니고
있잖아요.
게다가 유령들은
쿠키를 보고
도망가고…, 흔히
겪을 수 있는 일은
아니군요.
뭔가
흥미로운데?

일단 유령을
도망가지 못하게
잡아서
무슨 일인지
물어보죠.
유령을 어떻게
잡을 수 있을까?
그건….

조용..

슥
이…
이제 갔나?
끼아아악!
여기
있지롱!
파팍

너희들은
포위됐다!
그런
소리 하지 마!
우린 겁 주려는 게
아니잖아!
유령 님들!
얘기 좀….

스르륵
헉! 벽으로
들어가는데….

덥석

잡았다!
바둥 바둥
엥?
유… 유령을
잡았어?
어떻게 그게
가능해?

이건 제가 만든
영체를 잡을 수
있는 엑토플라즘
장갑이거든요.
벌떡 벌떡
이걸
챙겼다는 게
방금 기억이
났어요.
?

자!
우리 대화 좀
해요!
주욱
으아아!

파아
으어억!

제발
살려 줘요!
나는
얼려지기
싫어요!
끄어엉
무슨 소리예요?
우린 유령을 해치지
않는다고요!
우린 이 마을에
우연히 들른
여행객이에요.
정말요? 여러분은…
저 설산에서
우릴 잡으러 온
영혼 사냥꾼
아니에요?
네?
저 눈 덮인 설산
말하는 거예요?
영혼 사냥꾼은
또 뭐죠?
스으윽
애들아!
이 쿠키들은
영혼 사냥꾼이 아니래!
다 나와 봐!
스으윽
와!
정말 많다!

그렇다면…
다 얘기해 드릴게요.
놀라지 마세요.
사실….
저희는
유령이에요.
알아요. 척 봐도
그래 보여요.

이 마을엔
유령 말고
다른 쿠키는
없나요?
여긴 유령들만 사는
유령 마을이에요.
원래부터 쿠키는
없었어요.

이 마을이 생긴 건
아주아주 오래전이었어요.
바닐라왕국의 국왕이신
퓨어바닐라 쿠키도
어린 시절 우리 마을에
왔었으니까요.
퓨어바닐라
쿠키요?!
와!
그 이름이
또 나오네!

원래 쿠키가 유령이 되면
명계라고 하는 영혼의 나라로 가야 하거든요.
그런데 너무 순식간에 목숨을 잃는 쿠키들은
자기가 유령이 됐는지 깨닫지 못하고
명계로 가는 시기를 놓쳐서
떠돌아다니는 경우가 있어요.
나는 누구?
여긴 어디?
?
정처 없이 떠돌다
자기가 유령인 것을 깨닫게 되어도
할 수 있는 게 없죠.
명계로 가는 문은 한 번 놓치면
언제 다시 열릴지 모르거든요.
그렇게 떠도는 유령들을
불쌍히 여긴 어떤 쿠키가
블루베리 요거트 마법학당이 있는
숲 근처에 빈 마을을 찾아서
우리 유령들을
모여 살게 했어요.
블루베리 요거트
마법학당이라고요?

블루베리 요거트 마법학당에도 수많은 유령들이 살고 있었기 때문에 학당의 학생들과 유령들 모두 사이좋게 지낼 수 있었죠.
고대의 위대한 학자들과 마법사의 망령들도 블루베리 요거트 마법학당의 선생님으로 일하고 있었거든요.

맞아. 유령이 두려운 존재는 아닌 것 같아.
영웅의 관문에서도 고대의 유령 기사를 만났었잖아.

그렇게 시간이 지나면서 이 마을은 유령마을로 유명해졌어요.
관광객들도 오게 되었고,

Ice Cream
우리들은 이왕 유명해진 거 장사해서 돈을 좀 벌어 보려고 저 설산의 깨끗한 눈을 퍼와서 빙수와 아이스크림을 팔았죠.
그래서 우리는 아이스크림 유령이라고도 불리웠답니다.

그래서 우린
많은 돈을
벌었어요.
네? 유령들이
왜 돈이 필요해요?
어허!
유령도 돈 쓸 데가
많다고요!

좋아하는 가수의
음반도 사고, 사진집과
굿즈도 모으려면
돈이 꽤 많이
필요해요.
양심 있는 유령은
공연장에 갈 때도
제대로 표를 사서
들어간다고요!
팬클럽도
가입했어요.
와!
멋진데요!

그 당시는 참 행복했어요.
마법학당 학생들도
자주 놀러 와
아이스크림과 빙수를
사 먹었죠
망고 빙수
주세요.
망고
다 떨어졌는데.
딸기 빙수는 어때?

그러던 어느 날….
대륙에 전쟁이
일어났어요.
온 세상이
불타올랐죠.

우리 유령마을은 다행히
블루베리 요거트 마법학당의
교장 선생님이
커다란 보호막을 쳐 줘서
무사할 수 있었지만,

몇 년이 지나도
전쟁은 끝날 줄 모르고
세상은 점점 더
지옥처럼 변해갔어요.

그래서 우리 유령마을의
유령들은 전쟁이 끝날 때까지
땅속으로 들어가 잠들어 있기로 했어요.
파괴되는 세상을
보호막 너머로 바라보는 것도
너무 괴로웠거든요.

그렇게
잠들어 있다가
보호막이 사라지면서
우리도 깨어났어요.
보호막은
세월이 너무
많이 흘러서
자연스레
없어졌나
보더라고요.

얼마나 오랜 세월이 흘렀는지
세상은 완전히 변해 버렸고,
우리들은 새로운 세상에
적응도 못하고 있을 때
갑자기 그가 나타났어요.
그게
누구죠?

영혼 사냥꾼….
?

죽은 영혼이
돌아다니는 것은
자연의 섭리를
어기는 일.
영혼은
지상에 있어서는
안 된다.

모두 잡아
설산의 영혼 항아리에
봉인시킬 것이다.
빠지지직

쿵

슥

모두
순순히 잡혀라.
끄악!
으아악!
안 돼!
살려 줘!

그런데 여러분처럼
착한 유령을
왜 잡아가는 걸까요?
남에게 해를 끼치지도
않는데….
그러니까요.
우린 법
없이도 사는
유령이라고요.
우리도 이유를
알고 싶어요.
대체 왜
잡아가는지….
영혼 사냥꾼은
저 설산에 사나요?
정체가 뭔지 궁금한데
알 수 있는 방법이
없을지….
그분께
물어보면 될 것
같긴 한데….
그분?
블루베리 요거트
마법학당의 교장 선생님이신
바할로모트 님이요.
이 세상에서
가장 현명한 분으로
모종의 이유로 망령이 되셨지만
전쟁 때도 마법학당을
끝까지 지키려고 하셨었죠.

하지만
블루베리 요거트
마법학당은 지금은
남아 있지도 않을 거예요.
대륙에 일어난 전쟁은
수천 년 전에
일어난 건데….
아…. 아니에요.
마법학당은
아직 있….
슈우우

응? 뭐지?
갑자기 공기가
차가워진 것 같아.

어어!
유령 님들!
후다닥
끄아악! 진짜
영혼 사냥꾼이
왔어!
으아아아!

파지직

쿵

맙소사!

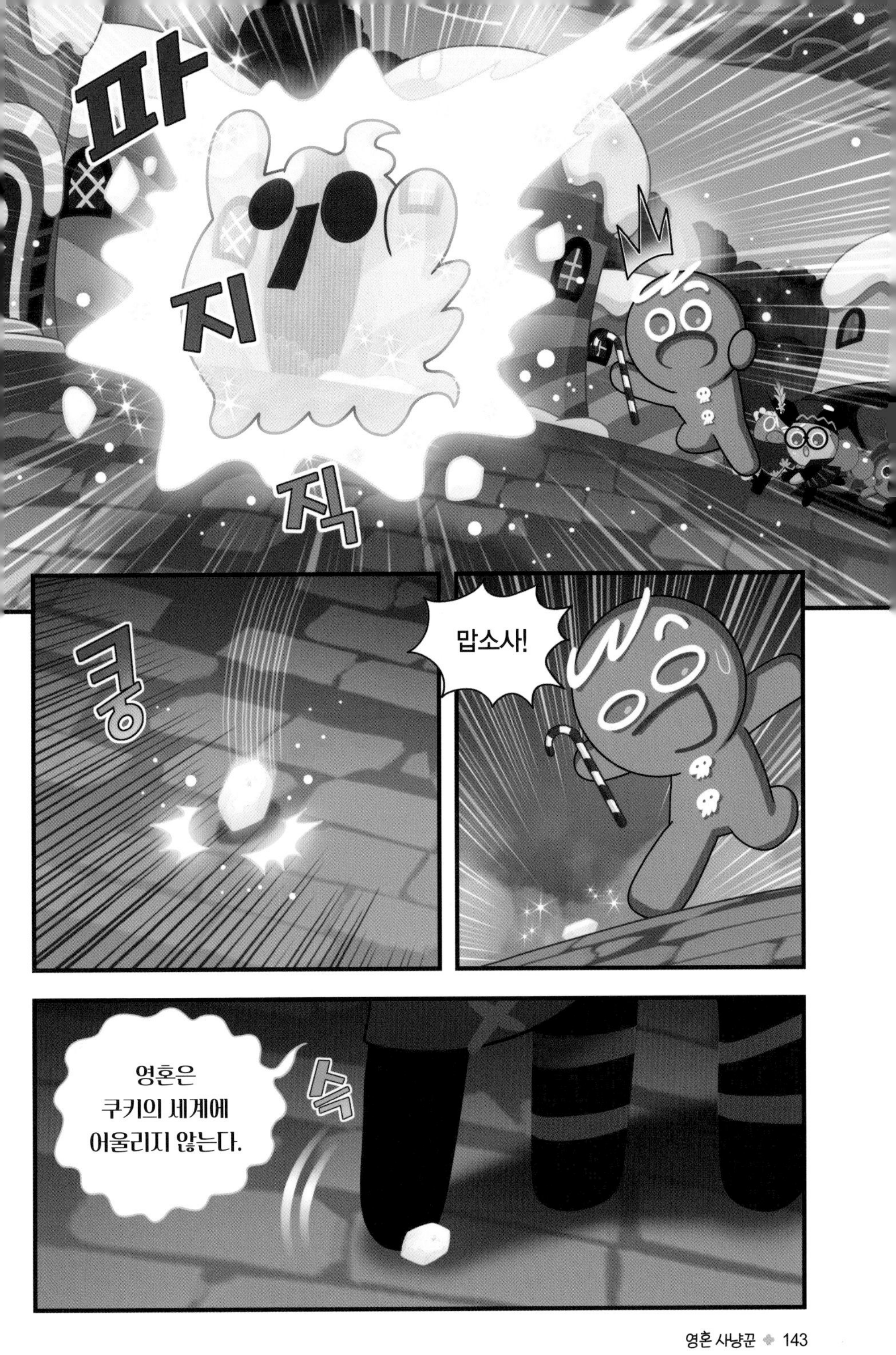

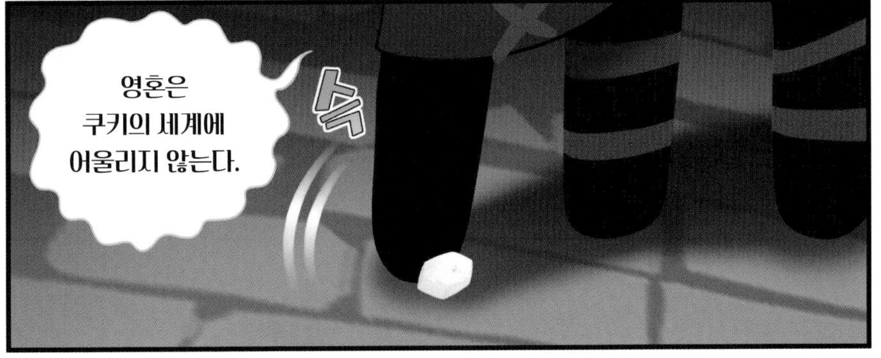
영혼은
쿠키의 세계에
어울리지 않는다.
슥

영혼 사냥꾼!
진짜 쿠키잖아?
저… 저기요!

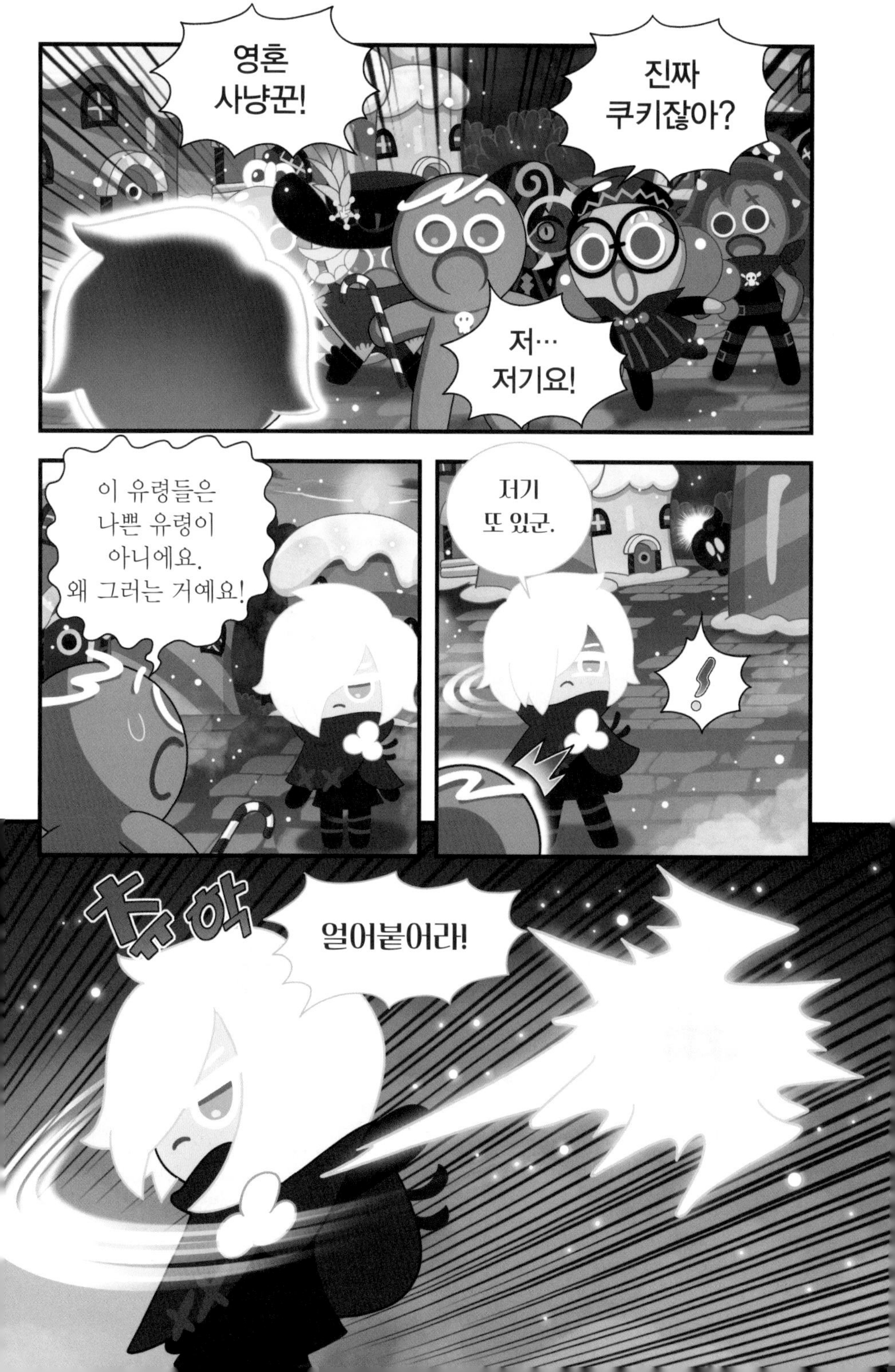

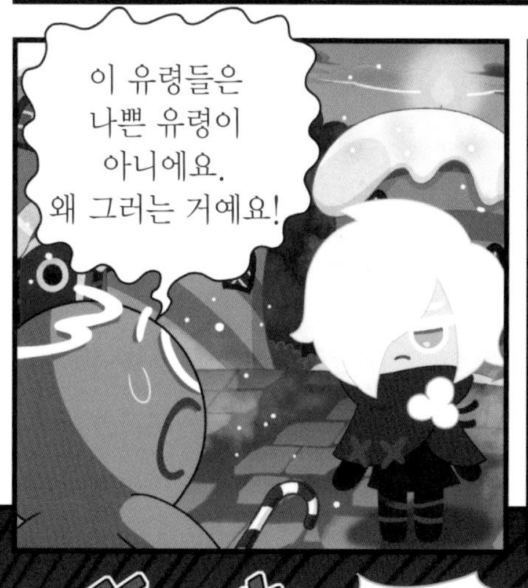

이 유령들은 나쁜 유령이 아니에요. 왜 그러는 거예요!

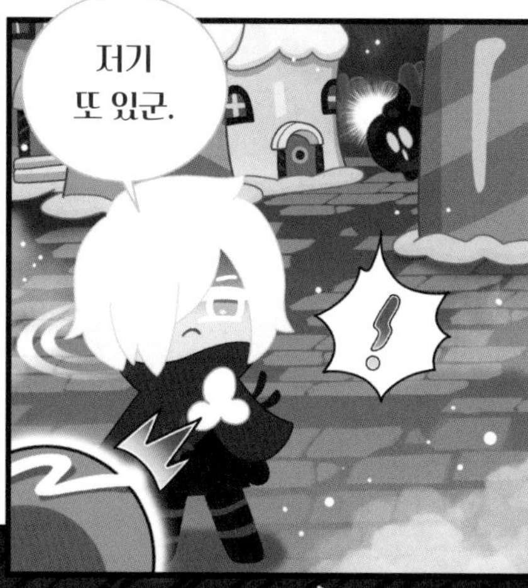

저기 또 있군.
!

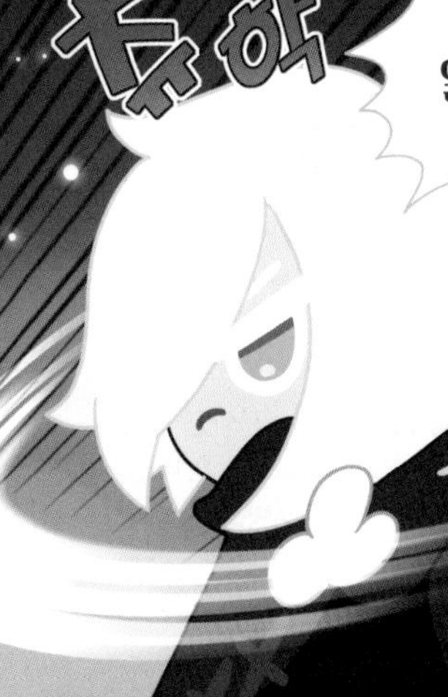

츄악
얼어붙어라!

쐐 앵
으악!
안 돼!
콰 아
쩌 저 적
윽….

슈아아아

여왕의 의지를
방해하는 자들은
용서할 수 없다.

콰
콰
콰

휘이잉

으윽! 갑자기
눈보라가!

너무 추워…!

!

촤아아

모두들
제 뒤로
물러나요.

파
아
아
냉기 공격엔 온기로 맞서야죠.
궁극의 온기!
원두커피를 내릴 때의 가장 적절한 온도로 주위를 따뜻하게 합니다!
콰
아

스ㅠ
스ㅠ
스ㅠ
스스스
…!
아… 이건…
따뜻….
안 돼….
따뜻한 것은….
휘이이잉

가…
간 거야?

정말 고마워요! 덕분에 살았어요.
도움이 됐다니 다행이에요.
유령이 살았다고 하니 어색하네….

하지만 언제 돌아와서 또 우리들을 잡아갈지 몰라요. 너무 무서워요….
흑흑
유령 님! 아까 블루베리 요거트 마법학당이 있을 거라고 들었는데…. 그게 무슨 뜻이죠?

그건 설명보다
직접 보는 게 빨라요.
모두 따라오세요.
?
스르르

여기예요!
네?
이곳은…!

아무것도
없는데요.
엄청 큰
호수네요….

호수에
얼굴을 담그고
물밑을 보세요.
?

이렇게요?
풍덩

우아!
호수 밑바닥에 멋진 건물들이 엄청 많아요!
푸학
그곳이 바로 블루베리 요거트 마법학당이에요.
푸학
어! 정말이네!
그런데 저렇게 깊은 물속에 있는 곳을 어떻게 가죠?

예전엔 여기서 그분을 부르면 나와서 마법학당까지 데려다줬었는데…. 지금도 있을지 모르겠어요.
그분이요?

마법학당까지 태워다 주는 뱃사공이에요.
뱃사공?

여기서 호수의 표면을 두들기고 이름을 불러 보세요!
이름이 뭔데요?
푸

부우우

어?!

콰아아아

골카론은 그들을 안전하게 마법학당으로 데려갈 수 있을까?

팬케이크맛 쿠키가 형인 롤케이크맛 쿠키를 만나기 직전의 상황을 기록하려고 합니다. 아래의 그림과 설명을 잘 보고 순서대로 나열해 보세요.

논리력

1

용감한 쿠키 일행은 누군가의 안내를 받고 좁고 어두운 나무줄기 통로를 계속해서 내려간다.

2

연금술사맛 쿠키의 보호막이 점점 사라지고 있을 때, 누군가가 용감한 쿠키 일행에게 아래에 있는 나무줄기 통로로 내려오라고 말한다.

3

보호막은 사라졌지만 용감한 쿠키 일행은 간발의 차로 몬스터를 피해 나무줄기 통로로 들어가게 된다.

4

나무줄기 통로를 계속 따라간 일행은 그들을 안내했던 목소리의 주인공, 롤케이크맛 쿠키를 만나게 된다.

(　　　　) – (　　　　) – (　　　　) – (　　　　)

# 레벨업 퀴즈 2

다음 글을 잘 읽고
선택지 중 옳은 것을 고르세요.

문해력

커스터드 3세맛 쿠키는 검은 호수에 빠져 몬스터로 변해 버린다. 용감한 쿠키 일행은 그를 구하려 하지만 그는 기억을 잃은 채 다른 몬스터들과 함께 용감한 쿠키 일행을 공격한다. 그때, 롤케이크맛 쿠키의 도움으로 나무줄기에 숨게 되고, 하루에 한 번 잠든다는 설탕백조와 몬스터들의 비밀을 알게 된다. 용감한 쿠키의 푸른 불꽃으로 설탕백조를 제압하고 커스터드 3세맛 쿠키를 구하기 위해 검게 변한 호수에 다시 돌아간다. 잠에 든 설탕백조를 보고 안심하지만 다른 쿠키가 듣지 못하는 목소리를 듣고 혼란에 빠진 용감한 쿠키는 실수로 호수에 빠지고 만다.

① 커스터드 3세맛 쿠키는 설탕백조를 속이려고 용감한 쿠키를 공격했다.
② 롤케이크맛 쿠키는 하루에 한 번 잠드는 설탕백조의 비밀을 용감한 쿠키 일행보다 먼저 알고 있었다.
③ 용감한 쿠키는 지팡이를 사용할 생각이 없다.
④ 설탕백조가 깨어나려고 몸을 움직여서 용감한 쿠키가 호수에 빠지게 됐다.

# 레벨업 퀴즈 ③

①과 ③의 그림을 보고, ②에 들어갈 수 있는 이야기를 자유롭게 써 보세요.

창의력

1

2

3

# 레벨업 퀴즈 4

하루에 한 번 잠든다는 설탕백조!
A그림과 B그림을 비교하고
다른 부분 여섯 곳을 찾아 보세요.

A

B

## 책 속 이벤트

## 어둠에 물든 설탕백조의 공격을 피해 낸 최초의 쿠키의 정체는?

어둠에 물든 설탕백조로 인해 신목 마을이 문을 걸어 잠근 지 한 달, 점점 많은 쿠키들이 이러다 신목 마을이 사라지는 것 아니냐는 우려를 표하고 있는 가운데, 상황을 반전시킬 사건이 일어났다고 해 저희 킹덤일보가 취재에 나섰습니다.

킹덤일보 8호에서 용감한 쿠키 일행이 설탕백조를 찾아나섰다고 전해드린 바 있는데요, 역시나 용감한 쿠키 일행도 설탕백조와 몬스터들에게 공격당할 위기에 처했다고 합니다. 그런데 그때, 신목 마을의 주민이자 실종 신고된 이 쿠키가 용감한 쿠키 일행을 비밀통로로 대피시켜 설탕백조의 위협에서 벗어날 수 있었다고 합니다.

이 쿠키가 그동안 어떻게 홀로 살아남을 수 있었는지 인터뷰 요청이 쇄도하고 있다고 합니다. 신목 마을의 주민이자 팬케이크맛 쿠키의 형인 이 쿠키의 이름은 무엇일까요?

## 정답을 맞히면 푸짐한 선물 있다고 전해져⋯.

정답을 맞혀 **[용감한 킹덤일보]**에 제보해 준 독자 **15명**을 뽑아 선물을 드립니다.

**쿠키런 킹덤 영혼석 키링 (랜덤)(10명)** ▶

▲ **쿠키런 킹덤 입체 마그넷 (랜덤)(5명)**

◆ **참여 방법** ① 카카오톡 채널에서 '서울문화사 어린이책' 채널 추가한다.
② 이벤트 기간 동안 [용감한 킹덤일보 9호] 게시글을 읽는다.
③ [용감한 킹덤일보 9호] 링크를 누르고 질문에 답한다.

◆ **이벤트 기간** **2022년 11월 1일 ~ 2022년 11월 25일까지**

◆ **당첨자 발표** **2022년 11월 30일**
(서울문화사 어린이책 공식 카카오톡 채널에서 게시글 공지)

※실제 상품은 이미지와 다를 수 있습니다.

## 킹덤일보가 만난 몬스터

### 호밀맛 쿠키의 호밀 총알에 맞은 몬스터!

# 호밀맛 쿠키를 고소할 거라 밝혀 충격!

대륙에 넷 뿐인 신수 중 설탕백조는 쿠키들에게 친근한 모습으로 유명한 신수입니다. 그런데 최근 설탕백조가 어둠에 물든 모습이 목격돼 전 대륙에 충격을 주고 있는데요.

흑화한 설탕백조에 의해 몬스터로 변한 쿠키들 중 이름을 밝히기를 원치 않은 익명의 쿠키가 용감한 쿠키 일행의 저격수, 호밀맛 쿠키를 고소할 것이라 밝혀 대륙의 여론이 술렁이고 있다고 합니다.

익명의 쿠키를 지지하는 쪽은 갑자기 몬스터로 변한 것도 억울한데 총을 쏜 것은 가혹한 처사라고 목소리를 높였습니다. 하지만 일부 반대하는 쪽은 어둠마녀 쿠키를 저지하는 위대한 여정을 하는 용감한 쿠키 일행의 앞길에 물을 뿌려 축축하게 만드는 것과 똑같은 짓을 하고 있다고 비난했습니다.

호밀 총알을 정면에서 맞은 신목의 비행형 몬스터… 이자 쿠키. 사건 발생 일주일이 지났지만 지금도 고통을 호소하고 있다.

## 레벨업 퀴즈 정답

### 퀴즈 1

②-③-①-④
누군가의 목소리를 듣고 나무줄기 통로를 내려간 용감한 쿠키 일행이 몬스터들의 공격을 피하는데 성공한다. 좁고 어두운 나무줄기 통로를 통해 계속 아래로 내려간 용감한 쿠키 일행은 그들을 안내한 목소리의 주인공 롤케이크맛 쿠키를 만나게 된다.

### 퀴즈 2

②. 롤케이크맛 쿠키가 설탕백조의 비밀을 용감한 쿠키 일행에게 말해 줬으므로 롤케이크맛 쿠키가 비밀에 대해 먼저 알고 있던 게 맞다.

### 퀴즈 4

초판 1쇄 인쇄 2022년 10월 20일
초판 1쇄 발행 2022년 10월 27일

글 김강현
그림 김기수
발행인 심정섭
편집인 안예남
편집팀장 이주희
편집담당 박민아, 양선희, 김진영
제작담당 오길섭
출판마케팅담당 경주현
디자인 디자인 레브

발행처 ㈜서울문화사
등록일 1988년 2월 16일
등록번호 제2-484
주소 서울시 용산구 새창로 221-19
전화 02-799-9308(편집) | 02-791-0752(출판마케팅)

ISBN 979-11-6923-098-8
ISBN 979-11-6438-804-2 (세트)

# 쿠키런
COOKIERUN

모험을 통해 배우는
안전 상식 만화!

# 서바이벌 대작전 44

쿠키들의 꿈을 되찾기 위해 다른 차원으로 간 닥터 뼈다귀 쿠키!
꿈의 기둥을 부수려고 하던 도중 나이트메어들에게 붙잡히고 마는데…!
한편 용감한 쿠키는 쿠키멀즈가 보낸 한 통의 편지를 받게 되고,
**먼 길을 떠난 용감한 쿠키 앞에 낯선 쿠키들이 나타난다!**


화 : 02)791-0752 (주)서울문화사

Toon!verse 방영 인기작

# 시즌3로 돌아온 천재 이발사 브레드와 함께하는 달콤바삭한 일상!

NEW!

Toon!verse 방영 인기작

애니메이션 방영작

브레드 이발소3

3 설탕의 복수

서울문화사

나, 천재 이발사 브레드의 활약을 놓치지 말라고~!

164쪽 | 값 12,000원

14화 설탕의 복수

15화 딸기는 빨개

16화 이달의 아이스크림

17화 골목 이발소

18화 엄마케이크의 변신



구입문의 (02)791-0752 서울문화사

# 신비아파트 고스트볼 Z 귀도퇴마사

## 운명을 건 위대한 전쟁이 시작된다!

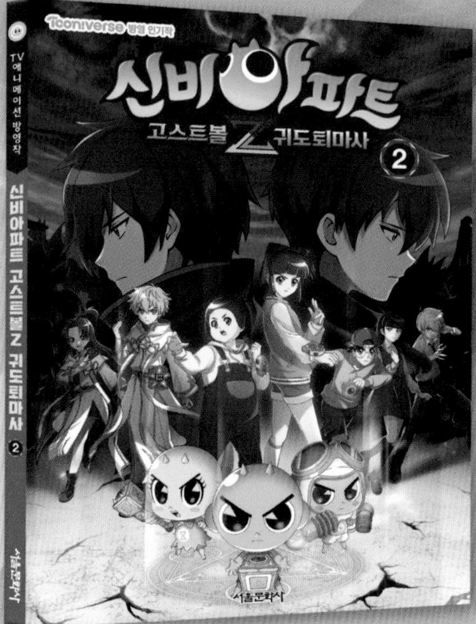


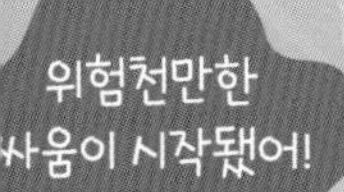

우리들의 이야기를
애니메이션북으로
만나 봐!

**제4화** 쉿, 들리지 않는 비명

하리의 반 친구가 시끄럽게 게임을 하던 중에 갑자기 사라지는 사건이 발생한다. 그리고 괴담 SNS에도 비슷한 의뢰가 올라오기 시작하는데….

**제5화** 빼앗겨 버린 나, 또 다른 나의 습격

수업 시간 중 선생님 몰래 손톱을 깎던 한 학생이 뒤에서 들리는 소리에 고개를 돌린다. 그 때, 커다란 쥐가 손톱을 먹고 있는 모습을 발견한다…!

**제6화** 달빛에 드러난 비밀, 되살아난 악마의 포효

어느 날, 가은의 가족은 부상을 입고 쓰러진 소년을 발견한다. 소년을 병원으로 옮긴 후, 얼마 지나지 않아 소년은 눈을 뜬다!

SUGAR OCEAN
WHOLEGRAINIA
LAKE OF TRUTH
BLOODY JAM MOUNTAINS
SILENT OCEAN
SECRET FIG FOREST
COCONUT FOREST
GREENSALAD JUNGLE
JELLY SWAMP
SODA OCEAN
CANDYSTICK ARCHIPELAGO